AF500357

ESSAI
SUR LE SÉNAT

Par le Dr BRÉBANT

ANCIEN CONSEILLER MUNICIPAL
PRÉSIDENT DU CONSEIL D'ARRONDISSEMENT DE REIMS
LAURÉAT DE L'INSTITUT
ET DE L'ACADÉMIE DE MÉDECINE

Opuscule vendu au Profit des Comités Républicains
de l'Arrondissement

REIMS
IMPRIMERIE ET LITHOGRAPHIE MATOT-BRAINE
6, RUE DU CADRAN-SAINT-PIERRE, 6

1879

ESSAI
SUR LE SÉNAT

Par le Dr BRÉBANT

ANCIEN CONSEILLER MUNICIPAL
PRÉSIDENT DU CONSEIL D'ARRONDISSEMENT DE REIMS
LAURÉAT DE L'INSTITUT
ET DE L'ACADÉMIE DE MÉDECINE

Opuscule vendu au Profit des Comités Républicains
de l'Arrondissement

REIMS
IMPRIMERIE ET LITHOGRAPHIE MATOT-BRAINE
6, RUE DU CADRAN-SAINT-PIERRE, 6

1879

PRÉFACE

Qu'on le veuille ou non, la solidarité nous lie tous dans le même sort heureux ou malheureux de la communauté.

Je l'ai bien vu, personnellement, lorsque, en 1870 et 1871, je me suis vu si particulièrement et si cruellement frappé dans les malheurs de la patrie, moi qui, pendant les dix-huit années de l'Empire, avais fait tout ce qui m'était possible, pour n'avoir aucune part de responsabilité volontaire, dans les mensonges et les crimes, dont une trop grande partie de la nation acceptait la complicité.

Les circonstances sont encore graves aujourd'hui, et je ne saurais me ranger à l'avis de ceux qui disent : « De quoi vous mêlez-vous? Est-ce que la politique vous regarde? » Hélas! la politique est le grand intérêt de tous, et il dépend véritablement du plus grand nombre qu'elle soit prudente et sage. Sur ce terrain, nous avons tous nos devoirs à accomplir.

Nous avons vaincu les anciens partis; nous pouvons considérer qu'avec un Sénat républicain, nous ne risquons plus de périr, que par nos propres fautes.

Mais, malgré tout, je le dis tout haut, je ne suis point rassuré.

Nous avons la République en ce moment, je ne le nie pas. Mais j'ai peur que notre organisation politique ne soit qu'un fait, qu'un accident, qu'un hasard. J'ai peur qu'un hasard, un accident, un fait contraire ne mettent en péril nos récentes conquêtes.

Pour me rassurer, je voudrais voir organisé tout ce qui peut nous rendre le hasard fidèle, tout ce qui transformerait l'accident en règle, le fait en loi.

Je voudrais voir disparaître de nos institutions tout ce qui cache un danger, soit pour la liberté, soit pour la stabilité gouvernementale.

Deux Assemblées également législatives ne me donnent pas la sécurité qu'elles promettent, lorsque surtout les conflits entre elles sont si faciles et si périlleux, et que le règlement de ces conflits n'appartient pas à la nation.

Si le Sénat est conservateur des institutions, il ne serait peut-être pas conservateur de la liberté au même degré. Je voudrais un pouvoir protecteur et conservateur de la liberté et de toutes nos libertés.

Si le Sénat actuel est conservateur de nos institutions, il l'est par le tempérament et la volonté de chacun de ses membres. Je voudrais qu'il le fût par mission spéciale déléguée savamment par le pays.

J'avoue que la responsabilité ministérielle est quelque chose devant l'Assemblée législative; mais cette responsabilité ne me paraît pas pour le pays une garantie suffisante.

Je voudrais que la nation fût toujours présente et toujours puissante pour arrêter au passage tout abus possible d'autorité.

Nous avons été sauvés d'un coup d'État par la probité du Président de la République. Je ne trouverai pas moins toujours épouvantable que la sécurité et la liberté d'un grand pays puissent dépendre de la probité d'un homme.

Les abus de la police ne m'effrayent guère plus que les erreurs judiciaires ou les influences du pouvoir exécutif sur les juges. Je voudrais que la liberté des citoyens fût toujours vigoureusement protégée dans la loi, et que les juges, à tous les degrés, relevassent de la nation et non d'un pouvoir quelconque.

Mes craintes sont donc motivées, et je crois de mon devoir, comme de mon intérêt, d'appeler l'attention de mes concitoyens sur l'objet de mes craintes.

Je n'ai point d'autre but en publiant ce premier essai.

Je n'y veux toucher que la question du Sénat.

Je considère cette question comme très-pressante et très-grave. Il serait heureux que l'échéance de 1880 trouvât tout le monde d'accord sur les principes qui doivent donner à ce problème une solution républicaine.

Cet essai n'est, à vrai dire, qu'un commentaire des idées que je formulais en 1870 et 1871, dans le *Catéchisme de la Justice,* écrit à Magdebourg et publié, à mon retour, chez l'éditeur MATOT-BRAINE, à Reims.

Les Comités républicains rémois ne partagent pas mes opinions sur la question du Sénat. Ils trouvent que le plus sûr est la suppression du Sénat.

Mais, comme il n'y a, parmi nous, que des amis de la discussion libre, les Comités n'ont pas craint de consentir à la propagande de mes propres opinions. C'est un exemple de libéralisme qui mérite éloges et imitation.

———»»»⁂«««———

ESSAI
SUR LE SÉNAT

CHAPITRE PREMIER

Considérations tirées de la Souveraineté et tendant à démontrer la Nécessité d'un Sénat

Cette puissance seule est souveraine qui a la spontanéité et la liberté intelligente de tous ses mouvements, à tous les aspects et sous tous les rapports.

Sur cette terre, la liberté humaine seule est naturellement souveraine.

Les yeux de l'homme peuvent tout voir et tout regarder; l'oreille peut tout entendre et tout écouter; la parole peut tout exprimer et tout enseigner; l'intelligence peut tout analyser et tout comprendre; la logique peut tout comparer, tout distinguer, tout déterminer; la science peut tout observer, tout constater, tout comparer, tout généraliser, tout systématiser, tout appliquer ; la main peut tout saisir et tout modifier, par elle seule, ou grâce à des outils intermédiaires ; ce que l'intelligence a conçu, la main peut l'exécuter; les jambes peuvent porter le corps, et l'intelligence, et la main, et les sens partout où la volonté a décidé d'aller. Aucune autre borne naturelle n'est mise à l'activité multiple de l'homme que la mesure native ou acquise de sa puissance personnelle. Aucune volonté humaine n'a une prise naturelle sur une autre volonté.

L'homme est donc une liberté souveraine.

Mais la nature, dans une même unité d'essence, a créé les hommes inégaux. Ni l'acuïté de l'œil, ni l'acuïté des autres sens, ni l'intelligence, ni l'habileté, ni l'instruction, ni l'expérience, ni surtout la force musculaire ne sont des forces égales chez tous les hommes.

Cette inégalité naturelle est antisociale. Elle place les hommes dont les facultés sont prédominantes sur le chemin et la pente de tous les abus. C'est par cette inégalité que la violence, la force et la ruse priment l'innocence, la bonne foi et le droit.

Si donc l'homme, inégal de sa nature, ne pouvait pas ou ne voulait pas sortir de son égoïsme souverain, il serait insociable ; la guerre partout et à tout propos serait sa vie; réduit à ses forces individuelles, il serait tour à tour ou tyran, ou esclave, jamais citoyen ; la force et la ruse seraient toutes ses lois ; l'habileté pratique ne serait progressive que dans la mesure des efforts personnels et de la durée de la vie individuelle ; plus de sympathie, plus d'alliances, plus de bonne foi, plus de justice, plus d'équité, plus de charité, plus de services mutuels et réciproques; la solidarité volontaire serait réduite au minimum, et la solidarité involontaire, c'est-à-dire celle du malheur, serait au maximum.

L'homme civilisé a horreur d'une telle vie ; il sacrifie avec raison une partie de son indépendance souveraine, en fondant librement avec les autres hommes une organisation égale, conventionnelle et bornée.

Par cette organisation, il fonde l'égalité entre tous les hommes, dans l'intérieur des limites posées par les lois.

Dans cette organisation, il y a des lois fondamentales qui constituent le pacte universel d'égalité entre tous les citoyens. Il y a des institutions perpétuelles ou, au moins, destinées à la permanence. Il y a aussi des lois accidentelles, partielles, temporaires ou périodiques.

Toutes les libertés naturelles, qui constituent la souveraineté, trouvent en ces diverses lois une limite de convention dont le respect constitue l'ordre social.

Mais les hommes se gardent bien de soumettre à des lois communes toutes les formes possibles de leur activité. Une pareille institution serait aussi nuisible à l'intérêt social qu'elle serait impraticable. Ils ne soumettent aux lois que ce qui peut et doit diriger la société vers le but social, qui est la paix, l'harmonie et le progrès vers le bonheur de tous.

Toute liberté naturelle garde son libre jeu en dehors des lois conventionnelles ou à l'intérieur des limites qu'elles ont prévues.

La souveraineté naturelle n'est donc pas détruite dans la société; en même temps que la variété des aptitudes dirige et produit la variété des efforts, la liberté naturelle garde une partie de son domaine, et bientôt s'exerçant sur le terrain de l'égalité conventionnelle, elle constitue, à l'intérieur des limites de la loi, tout un ensemble de libertés, dont l'intensité est d'autant plus grande qu'elles ont pour moyens et pour garants les volontés de tous.

Loin d'avoir perdu par l'institution des lois, la liberté a donc gagné tout un ensemble de forces, que les lois elles-mêmes mettent à la disposition de chacun, admirable retour de la société pour chacun de ses membres.

La souveraineté trouve donc ainsi deux domaines: le domaine antérieur et supérieur à la loi, et le domaine des libertés légales.

Ces deux domaines peuvent être, à chaque instant, compromis par les entreprises des particuliers ou par les usurpations des pouvoirs publics.

La nation doit préserver ses droits par une autorité vivante, permanente, attentive et presque jalouse qui la représente fidèlement.

De là, la nécessité d'un pouvoir conservateur.

Son rôle est de protéger et défendre la liberté naturelle, de protéger et défendre les libertés conventionnelles et, par conséquent, de surveiller et maintenir dans leurs devoirs les particuliers et les dignitaires de l'État, et, dans leurs limites respectives, les différents pouvoirs de l'État.

Ces premiers titres de nécessité d'un Sénat peuvent être corroborés par des considérations puisées dans un autre ordre de principes. Je veux parler des principes de la stabilité dans l'État.

J'espère prouver que le souci de l'ordre et de sa durée perpétuelle dans la vie nationale aboutit à la création du même appareil conservateur.

CHAPITRE II

Considérations tirées de la Stabilité nécessaire de l'État et tendant aussi à démontrer l'Utilité d'un Sénat

I

L'humanité tout entière se donne pour but le bonheur universel. Quel autre but serait digne du Créateur et de nous ?

Mais l'humanité ne va pas, du même pas et par la même voie, vers notre but commun. La civilisation a pour principe le sentiment d'un sage isolé. Plus tard, ce sentiment se communique à une minorité ; puis, de groupes en groupes, le progrès de sa marche atteint enfin des nations entières.

Chacun de nos progrès dans la civilisation a demandé un long temps pour être conçu, puis universellement appliqué. Le temps, la durée, la perpétuité même sont les nécessités du progrès des nations.

Aussi, tout peuple qui est arrivé à sentir le besoin de créer l'union entre les hommes et de fonder un État, ce peuple est préoccupé de l'avenir ; il ne veut pas de bornes temporaires à l'application de ses lois. Il viserait volontiers l'infini de la durée, si cette visée lui était permise en quelqu'une de ses œuvres.

Un peuple est vraiment une personne morale permanente. Il se perpétue, comme un organisme vivant, par la rénovation de son être, homme à homme, c'est-à-dire, en quelque façon, molécule à molécule. Ses volontés générales, ses desseins traversent les âges. Ses erreurs et ses fautes y doivent être réparées de génération en génération.

Tout cela ne peut être réalisé que sous l'étreinte d'un lien social indissoluble entre les hommes.

En particulier, beaucoup d'œuvres d'intérêt général et un grand nombre d'institutions n'ont leur raison de justice et de progrès que dans leur perpétuité. Il en est ainsi, en particulier, des institutions qui régissent les propriétés et de celles qui fondent les familles et leurs relations. Ces institutions sont à peu près immuables, sitôt qu'elles ont été fondées dans le corps d'une nation.

Que deviendrait la richesse d'un pays, si ses grandes œuvres collectives, même purement matérielles, étaient vouées à des bouleversements ou même à des changements inconsidérés?

L'assiette des villes et des villages, les routes, les canaux et les chemins de fer qui les relient, sont des œuvres qui empruntent leur permanence à la perpétuité même des besoins qu'elles sont destinées à satisfaire.

Les institutions politiques elles-mêmes sont d'autant plus parfaites qu'elles sont moins soumises aux changements violents ou imprudents.

Ces institutions sont, sans doute, des lois déterminées par la volonté de la nation, consultée à un moment donné. Mais, en les proclamant et les combinant, la nation s'est moins préoccupée du présent que de l'avenir ; elle a voulu, autant qu'il lui était possible de prévoir, assurer l'ordre permanent, la paix et l'harmonie perpétuelles entre tous les nationaux et à travers les progrès de l'avenir.

Le progrès est la seule voie que l'homme puisse suivre pour réaliser l'idéal de sa pensée : tout le monde le sait. Il ne doit pas tellement prévoir et enchaîner ses mouvements, qu'il ne puisse améliorer et modifier ses œuvres matérielles et même ses institutions civiles, politiques et morales : sans doute, là est la grande difficulté pratique du législateur. Mais, sans nier l'importance du progrès, le besoin du mouvement, le droit aux variations et aux modifications dans la société, je crois que tout le monde sera d'accord avec moi en proclamant avant tout, comme un besoin suprême, la stabilité des lois fondamentales et même des institutions politiques, mais surtout des institutions morales.

Tout nous recommande, au premier rang de nos préoccupations, dans l'organisme de l'État, la fixité, la stabilité, la constitution, le tempérament et les mœurs.

II

L'architecte, le mécanicien; la nature tout entière: dans l'astronomie, dans la géogénie, dans la cristallogénie, dans la botanique, dans la zoologie, dans la physiologie humaine, dans l'économie sociale, dans l'économie domestique, constituent d'abord la fixité, la stabilité, le caractère. Toujours ces éléments organiques de fixité sont les premiers et les plus fermement assis.

La cohésion des pierres d'un édifice permet les formes variées, la situation et les rapports différents, les services multiples et souvent en sens opposés.

La machine, avant d'aller donner le mouvement aux outils, a besoin d'être assise et fixée sur place avec une rigidité mathématique.

Les astres courent en circulant dans l'espace, mais leur route est invariablement tracée dans l'orbite qu'ils décrivent, à distance définie des astres qui les subordonnent.

Les couches stratifiées qui se sont successivement formées, dans les mers ou les lacs, à la périphérie de notre globe, n'ont pu s'établir que quand la matière ignée des premiers temps se fut éteinte et durcie à la surface et qu'elle y eut pris une stabilité inébranlable.

Le cristal ne revêt ses formes définies que quand les éléments qui le constituent peuvent se réunir sans trouble, sans obstacle, sans résistance, en obéissant aux seules lois de la cohésion, qui les dirige et les ajuste successivement, en aiguilles, en lames, en prismes, etc., etc.

La plante porte dans sa graine, dans ses bourgeons, dans son organisme tout entier, considéré à quelque moment que ce soit de son existence, variable avec les temps, les climats, les saisons, les circonstances, un type caractéristique, immuable et fixe, qui constitue son espèce et son individualité permanente.

Là zoologie nous montre des êtres qui sentent, se meuvent et paraissent doués d'une forme imparfaite d'intelligence et de volonté. Là, la variation organique se multiplie par les variations fonctionnelles. Mais chaque animal est d'abord constitué d'une façon fixe et inaltérable dans tous les appareils, les organes, les éléments anatomiques définis qui sont en jeu variable dans les fonctions multiples de la vie.

Ces remarques s'appliquent mieux encore à l'anthropologie qu'à la zoologie générale.

III

Voyons les hommes dans l'économie des sociétés particulières. Ne commencent-ils pas par se mettre d'accord sur le but, sur l'objet et sur les moyens d'action de l'entreprise commune ? On conclut, on fixe, on stabilise la société par des conventions arrêtées, par un contrat fixe et déterminé. Ce contrat est la loi commune durable et permanente ; ces conventions immuables feront le succès ou l'insuccès du travail variable des associés. Si ce contrat perdait sa fixité, s'il n'avait pas le caractère d'identité dans la durée, d'uniformité pour tous les adhérents, il n'y aurait plus de lien social ; la direction vers le même but des efforts variés de chacun, la mutualité, la concordance, l'harmonie, la réciprocité, la hiérarchie fonctionnelle disparaîtraient entre les associés, et, avec cela, s'évanouirait la société même.

Il est possible qu'une erreur, un oubli, un faux calcul, une prévision mal fondée se soient glissés dans les conventions et dans le contrat. Il est possible que cette imperfection soit plus tard reconnue et qu'elle devienne l'objet d'un amendement aux conventions premières. Dans ce cas, une délibération nouvelle des associés peut tout réparer, si tous les associés dans le contrat primitif consentent de nouveau cette réparation. Mais cette réparation n'est pas, à vrai dire, un changement de convention, c'est plutôt une confirmation, une assurance, une préservation de l'esprit des conventions premières.

Quand le contrat est constitué définitivement, il devient la loi vivante de chacun, la loi directrice de l'activité de tous, la loi réparatrice des erreurs ou des défaillances de chacun, la loi fondatrice de l'égalité sociale. Cette loi accomplit son œuvre, qui est l'ordre, la paix, l'harmonie du corps social, non pas instantanément, non pas dans une période quelconque, tout à fait arbitraire, mais dans la durée calculée et prévue au contrat. Ces conventions constitutives d'une société ne touchent qu'aux conditions générales de l'activité de cette société. Elles supposent la libre disposition des rôles entre chacun des associés, le libre mouvement des aptitudes, le libre choix des moyens pratiques, la libre détermination des procédés partiels ou individuels, et surtout la libre disposition de soi-même en dehors du contrat.

Par cet artifice, l'inégalité naturelle des sociétaires s'exerce toute au profit de la société, c'est par elle que peut se produire la hiérarchie des fonctions si nécessaire à l'accomplissement du but social.

Chacun de ces points particuliers revenus à l'inégalité ou abandonnés à la liberté des sociétaires n'en a pas moins ses lois ; mais ce sont des lois modifiables, réformables, progressives, comme les hommes eux-mêmes, au mieux du succès de l'entreprise commune et aussi souvent que ce succès le réclame.

Nous trouvons donc deux séries de lois dans une société : 1° la loi fondamentale et les institutions permanentes, dont la fixité est le caractère dominant et nécessaire, et 2° les lois d'exécution, les lois de moyens, les lois de pratique, qui s'inspirent du désir de progrès, dont les variations sont la traduction même du progrès successivement réalisé dans l'esprit des sociétaires.

Toute modification, tout changement qui altérerait les

rapports généraux prévus dans le contrat fondamental serait un danger pour la marche, la durée et la sécurité de la société. Tout fait de cet ordre pourrait être dénoncé par un membre quelconque de la société. Alors les adhérents, fondateurs de l'œuvre, se réuniraient et, après examen de l'altération dénoncée du contrat, décideraient le maintien du pacte ancien ou sa modification si elle était jugée avantageuse.

Il y a donc en vérité deux sociétés dans chaque société : la société fondatrice et conservatrice, et la société pratiquante dans sa liberté et modificatrice des éléments partiels, temporaires, individuels et subordonnés de l'activité sociale. Cette dernière est composée de tous les sociétaires, un à un, ou réunis en groupes partiels ; ses attributions s'exercent dans les limites des décisions de la première. La première n'est véritablement en activité que dans la soumission de tous les sociétaires sans exception.

Transportons ces données à l'étude de la société politique.

IV

La société politique est un organisme soumis aux mêmes lois générales de fonctionnement que tous les autres organismes, quels qu'ils soient. L'importance du jeu naturel des fonctions organiques y est seulement plus grande.

Quelquefois, les deux séries fonctionnelles de la stabilité et du mouvement y sont produites par l'instinct social aveugle, au lieu d'y être établies par la science éclairée de l'organogénie politique. Il importe d'appeler sur ce point l'attention des citoyens éclairés, des hommes de bonne foi et de bonne volonté.

L'histoire est pleine de faits où la stabilité s'est maintenue plus ou moins régulièrement, plus ou moins avantageusement pour les sociétés.

Malheureusement, c'est l'instinct aveugle ou passionné des hommes qui se montre dans l'histoire plutôt que le jeu de la science, de la justice et du droit.

Pour chercher dans l'histoire la véritable constitution de la stabilité politique, il faudrait faire la critique philosophique des données historiques. Nous aurons plus tôt fini de partir de la nature des choses, des données de la liberté et des données du droit pour constituer spéculativement l'organisme politique. L'histoire nous servira ensuite, s'il y a lieu, à confirmer ou à modifier nos combinaisons. L'histoire n'a véritablement pas d'autorité rationnelle ; elle n'a qu'une autorité expérimentale incapable de diriger pour fonder, capable seulement de servir de base à la critique et au contrôle.

V

Dans une société d'hommes quelconque, nous avons distingué la société fondatrice établissant les conventions fondamentales, le contrat d'égalité, de mutualité, de réciprocité, et créant la solidarité sociale dans le succès et l'insuccès, déterminant le but, c'est-à-dire la direction générale des moyens.

Voilà le rôle fondateur et conservateur. Il constitue la fixité du lien social, il consolide la stabilité de l'organisme mobile de la société.

Sur cette base fixe et inattaquable, soit par la force, soit par la ruse, les groupes fonctionnels, les individus mêmes fournissent leur carrière de travail et d'efforts dans la liberté de leur intelligence et de leurs facultés.

Les mêmes membres de la société, soit individuellement, soit en groupes fonctionnels, constituent, à ce nouvel aspect, le pouvoir mobile, changeant, progressif, du corps social.

Les changements, les progrès mêmes se produisent dans les facultés, dans les actes des individus et des groupes, dans le perfectionnement des moyens pratiques, dans la simplification des rapports matériels ou hiérarchiques, mais sans altération du pacte fondamental et des relations génératrices qu'il a établies.

Il y a vraiment, à cet aspect nouveau, un champ de liberté largement ouvert aux groupes et aux individus sociaux. C'est de là que naissent les libertés pratiques : liberté d'apprentissage, liberté d'invention, liberté de mesure des besoins accidentels et des charges passagères ou périodiques.

Nous avons donc bien deux sociétés dans la même société politique et deux fonctions générales en activité : 1° la fonction limitatrice, fondatrice, conservatrice et préservatrice ; 2° la fonction de liberté changeante, mobile et progressive dans les bornes et sous l'égide de la fonction première.

Nous avons vu qu'en y regardant de près, ces deux ordres de fonctions générales se trouvent toujours réunis avec les mêmes rapports dans un organisme quelconque artificiel ou naturel.

Concluons que ces deux grandes fonctions générales se trouvent dans l'organisme politique d'une nation et doivent s'y trouver dans tous les cas où cette nation est fondée unitairement, surtout depuis longtemps.

VI

Etudions maintenant la France de notre temps, et considérons son organisme politique traditionnel, puis son organisme politique modifié par la Révolution, et demandons-nous comment l'appareil de stabilité peut et doit être constitué.

Jusqu'à la Révolution, la stabilité politique de la France avait plusieurs bases qui revenaient à deux : l'autorité et la force.

L'autorité était héréditaire ; c'était une fatalité irrationnelle, toute de fait et presque de hasard, qui instituait la puissance royale, comme elle instituait, en sous ordre, la féodalité, comme elle instituait la paternité et la famille.

La stabilité avait là surtout son fondement.

Mais la véritable nature des choses n'est pas que l'homme.

par le fait de sa naissance, soit intelligent, sage et puissant. La fiction, tout artificielle et pratiquement dangereuse, que nous indiquons ici, ne se fût pas maintenue un seul instant sans un secours matériel qu'elle trouvait dans l'organisation d'une force brutale ou d'une force dissimulée. Cette force brutale était la caste militaire ; quant à la force dissimulée, c'était la caste sacerdotale et la police.

Les lois, sous ce régime, s'inspiraient du caprice, du bon plaisir, c'est-à-dire trop souvent des passions égoïstes, tyranniques et violentes ou astucieuses du roi et des castes militaire et sacerdotale.

La liberté n'était qu'au pouvoir supérieur ; encore fut-il toujours question de savoir si la liberté était au roi, si elle n'était pas exclusivement et toujours au pape seul. Tout le monde obéissait ou devait obéir, par besoin d'ordre, du haut en bas : le roi au pape ; les soldats, la police, les collecteurs d'impôts, les geôliers et les bourreaux au roi ; la masse entière de la nation travailleuse et productrice, aux bourreaux, aux geôliers, aux collecteurs, aux barons, comtes et ducs, puis au roi et, enfin, au pape : c'est-à-dire au pape lui-même, aux évêques, aux moines, aux curés et jusqu'au moindre moinillon couvert de bure et bouffi de son importance.

L'Église catholique n'a pas changé de manière de voir. Elle a tout à perdre, en effet, d'en changer. Aujourd'hui, comme depuis dix-huit siècles, elle ne reconnaît d'ordre que par l'obéissance de tous sous l'autorité unique, universelle et infaillible du pape.

Comme on le voit, elle est en avance sur la pratique des nations, elle prétend être capable et divinement chargée d'unifier l'humanité entière dans la même loi, sous l'autorité de la même hiérarchie, partout et toujours subordonnée au pape infaillible.

Au fond l'Église veut tout pour elle et par elle. Elle se fait complice des gouvernements monarchiques, qui imposent aussi l'obéissance absolue, mais elle entend bien que les monarques institueront l'obéissance à son profit et se soumettront eux-mêmes à son magistère.

VII

La Révolution a ruiné de fond en comble cet organisme de stabilité de l'ancien régime. En France, la Révolution est aujourd'hui achevée, si nous voulons et si nous sommes intelligents et sages. Nous n'avons plus ni roi ni caste militaire ; la loi n'est le bon plaisir de personne. Nous avons encore contre nous la caste sacerdotale, mais elle a perdu ses griffes, elle n'a plus que son bec et ses passions déprédatrices, et nous avons avec nous, contre elle, les partisans des gouvernements monarchiques eux-mêmes ; car, plus menacés par l'Église que par nous, ils se refusent à subir le joug temporel de l'Église, astucieusement caché sous son prétendu titre de pouvoir spirituel.

La Révolution a démoli l'appareil de stabilité de l'ancien régime. Comment l'a-t-elle remplacé ? ou comment doit-elle le remplacer ? C'est maintenant la question qui nous reste à examiner.

Cette question est d'une extrême importance politique. De sa solution dépend le succès définitif de la Révolution, car c'est seulement par la stabilité que la Révolution vivra d'âge en âge, qu'elle pourra mettre à son profit les destins cachés du temps et tous les efforts de la liberté.

Elle a d'autant plus d'importance, que les libéraux révolutionnaires sont divisés sur le point de savoir : si l'État représentatif doit avoir une seule assemblée ou deux assemblées représentatives. De bons esprits, à mon sens, manquant d'analyse et de critique, considérant que l'assemblée chargée d'arrêter et de libeller le pacte constitutionnel est forcément unique, en tirent la conclusion qu'une seule assemblée suffit pour l'établissement annuel des lois passagères ou périodiques. Frappés des conflits préparés, dans l'organisation du Sénat actuel, par l'Assemblée réactionnaire de 1871, ils ne voient que le mal produit par le Sénat et concluent immédiatement à la suppression du Sénat. Oublieux du rôle de la loi fondamentale, ils ne se préoccupent que des lois nouvelles, et ils disent que si le Sénat doit accepter les lois libellées par l'Assemblée législative, le Sénat est inutile, et qu'il est hostile à l'esprit de la nation, par conséquent dangereux, s'il est en conflit d'appréciation avec l'Assemblée législative, qui, mieux que lui, est l'émanation de la nation.

Efforçons-nous de remettre chaque chose à sa place et dans sa valeur fonctionnelle, et tâchons d'obtenir l'entente complète de tous les libéraux sur le terrain fondamental où ils sont divisés, au grand détriment de la sécurité des institutions républicaines.

VIII

Nous avons vu plus haut que les conventions et le contrat, dans les sociétés particulières, ont pour effet de limiter, selon l'intérêt et selon l'opinion de tous, la liberté pratique des sociétaires dans le rôle dévolu à chacun et à chaque groupe fonctionnel dans la société.

Le même résultat doit être cherché dans un organisme politique national. Il importe que la police et la force publique n'aient aucune prise légale contre la liberté sociale en dehors des limites définies par les lois fondamentales.

Ce n'est pas tout. Lorsque les hommes s'unissent pour constituer une société particulière, ils sont doués de leur autonomie naturelle ; l'acte de consentir à l'union de leurs forces, dans une mesure définie : travail ou capital, de s'obliger à diriger leurs forces sociales vers un but commun défini, et, par conséquent, la promesse de prendre les moyens les plus avantageux pour arriver à ce but : ces actes divers sont des actes d'autonomie naturelle, ce sont des actes de liberté primordiale.

Le pacte fondamental, écrit ou non, entre les associés ne crée donc pas la liberté ; il en est au contraire un produit.

S'il en est ainsi dans l'ordre politique, et l'on n'en saurait douter, la liberté naturelle, la liberté personnelle, la liberté de la conscience intime, la liberté de l'intelligence acquise et progressive, la liberté des affections et des sentiments, la liberté des désirs, des opinions, de la parole et des formes extensives de la parole : la presse, les réunions d'enseignement mutuel ; la liberté même des actes dont l'effet ne peut altérer les conventions communes, ni le pacte fondamental : ces libertés sont antérieures et supérieures à toute convention, à toute loi écrite ; elles restent de droit naturel.

Aucun pouvoir humain et surtout aucun pouvoir législatif, exécutif, administratif ou judiciaire, ne peut altérer ce domaine de la liberté naturelle.

Mais, comme je l'ai dit déjà, une société d'hommes absolument libres n'est vraiment pas une société, c'est un assemblage, une agglomération sans lien. Un seul lien serait possible, ce serait l'uniformité de la liberté à tous ses aspects pratiques. Cette uniformité est impossible. Les hommes sont, naturellement, diversement doués à tous les points de vue ; ils sont socialement inégaux en instruction, en habileté pratique. Autant de têtes, autant de sentiments, *tot capita, quot sensus*. La liberté absolue ne peut donc fonder l'union sociale entre les hommes.

Pour arriver à constituer l'union entre eux, les hommes décidés à vivre en société abandonnent volontairement et librement une partie de leurs libertés naturelles, ils prévoient entre eux les conditions d'un ordre politique et social ; ils en délimitent les conditions en les restreignant, le plus possible, à la limite du strict nécessaire, et ils constituent des lois également obligatoires pour tous les membres de l'association, dans le cercle infranchissable du pacte fondamental.

La base première des lois est l'égalité de tous dans les obligations ou dans les restrictions qu'elles déterminent.

Tout à l'heure, nous partions de l'autonomie naturelle de l'homme, condition supérieure et créatrice de toute loi et de tout ordre. Ici, nous constituons, par la liberté même des associés, réunis dans une volonté commune, l'égalité légiférante et l'égalité d'obligation entre tous les associés.

Cette égalité est la preuve de l'union des consciences et

des intelligences dans les droits et les devoirs sociaux définis par les lois.

Il importe que cette égalité organique des citoyens soit partout et toujours absolument respectée.

Mais les hommes ne sont pas seulement des consciences et des intelligences ; ils sont encore des volontés armées de puissance et de force d'exécution. Ces volontés se déterminent par les désirs et les passions. L'homme satisfait sa loi morale constitutive quand il a conscience que ses passions et ses désirs personnels sont d'accord avec son intelligence et sa raison, et que les actes que sa volonté commande sont conformes à la loi sociale, qui a pour but l'union, la paix et l'ordre volontaire entre les hommes.

La direction des volontés dans le respect des lois, par l'amour de l'union, de la paix et de l'ordre entre les hommes, tel est le point délicat de toute organisation nationale.

Il faut que l'homme connaisse sa loi, mais il faut bien plus encore qu'il l'aime passionnément.

Il faut qu'un pouvoir social surveille la formation et le développement des intentions et des habitudes morales conformes au but politique à atteindre. Il faut que ce pouvoir préserve l'unité morale de la nation contre toute division, contre toute altération.

Dans les sociétés particulières, le but social est surtout un intérêt matériel défini. Dans la société politique, le but est si complexe, au point de vue des intérêts matériels, que le sentiment passionnel de l'intérêt matériel serait insuffisant pour exciter les désirs et tenir les volontés en éveil dans la droite ligne. L'intérêt matériel y est immense assurément ! Quand on pense à toutes les richesses d'appropriation et d'usage que la société met en commun dans l'enseignement, dans les mines, dans les arts, dans l'agriculture, dans le commerce, dans les canaux, dans les chemins, dans l'industrie, dans les accumulations artistiques et scientifiques, etc., etc., on reste confondu en admiration devant les produits communs de l'ordre social, et l'on sent, en face de ceux qui nous ont précédés dans la carrière du travail, un sentiment indicible de reconnaissance et d'émulation. Mais, malgré l'importance des bénéfices matériels qui résultent de la société, l'ordre social s'impose encore plus aux consciences politiques par ses effets moraux que par ses effets matériels.

Les effets moraux principaux de l'ordre social sont la sécurité, la liberté individuelle préservée et sauvegardée, au prix de l'obligation positive et restreinte inscrite dans la loi, enfin la libre expansion de tous les bons sentiments naturels.

Il faut qu'un pouvoir protége tous les grands intérêts, matériels et moraux de la société politique, rendue possible par l'union des volontés.

IX

Les bases mêmes de la société politique, telles que je viens de les indiquer, ne sont pas des lois naturelles qui se suffisent et s'accomplissent providentiellement. Elles ne s'accomplissent que par la volonté persévérante et progressive des hommes. Elles doivent donc être écrites au premier rang dans le libellé du contrat politique et social fondamental. Mais qu'elles soient écrites ou omises, il ne faut pas moins qu'elles soient connues de tous, consenties par tous, exécutées ou voulues par tous.

C'est par la volonté de tous que, de la même façon, s'établissent aussi les conventions premières dans les sociétés particulières.

Mais ici nous arrivons à une difficulté pratique qui a besoin d'être prévue dans les institutions et qui devient la source de nouveaux droits pour les citoyens.

Quand une société politique est composée de 32,000,000 d'hommes et que ces hommes se renouvellent par la mort et par la naissance d'une façon continue, il n'est pas possible de demander et d'obtenir, à un moment quelconque, l'assentiment volontaire et unanime de tous les associés pour constituer le pacte fondamental où les lois permanentes. Il n'est pas davantage possible de demander et d'obtenir une entente fréquente, et sur mille points variés d'intérêt général, pour l'établissement des lois accidentelles et périodiques.

Au lieu d'une délibération immédiate par tous les citoyens, il est convenu, dans le pacte fondamental, que la délibération se fera publiquement, au sein d'une ou plusieurs assemblées d'hommes spécialement choisis et chargés de ce mandat par tous les citoyens de l'État.

De la nécessité de cette délégation, résultent, pour les citoyens, des droits protecteurs de leurs intérêts, de leur autonomie naturelle et de leur égalité de contractants dans l'État.

Ces droits sont :

1° Le droit de se réunir : pour discuter, en commun, tous les rapports sociaux auxquels les représentants devront ou pourront toucher ; pour discuter la valeur et les capacités personnelles des candidats à la représentation nationale ; pour critiquer les actes et les délibérations des représentants ; pour faire connaître, par pétition ou par tout autre moyen pacifique et légal, les besoins, les intérêts, les plaintes et les opinions qui leur semblent justes et importants.

2° Le droit de faire connaître par la parole, et par la presse, les solutions que les citoyens trouvent justes et prudentes dans les difficultés successives de la vie politique.

3° Le droit de connaître les paroles et les actes des mandataires, dans toutes les situations où les citoyens délèguent une partie de leurs droits naturels : par conséquent le droit de sténographier et de publier les comptes-rendus des assemblées et le droit d'y assister en nombre suffisant.

Il faut encore qu'un pouvoir attentif et sévère préserve contre tout empêchement l'exercice régulier de ces nouveaux droits.

X

Comme les hommes naissent au cours de l'activité politique des peuples, et que vingt-un ans sont nécessaires à chaque homme pour arriver, non-seulement à la connaissance de ses droits et de ses devoirs, mais à la connaissance pratique d'une forme de travail qui le rende maître de lui-même et indépendant, il est nécessaire et d'intérêt social primordial que la constitution physique, intellectuelle, morale et économique de chaque membre futur de la société politique soit aussi bien préparée que possible, et, comme tous les nouveaux venus doivent, pour le maintien de la société politique, accepter, avec bonheur et affection, les lois constitutives de l'ordre politique et les lois permanentes de l'ordre civil progressivement accompli, il est nécessaire que l'éducation de tous soit dirigée vers le même but de la liberté et de la moralité civiles et politiques, sans lesquelles la société politique risquerait de se diviser et de se dissoudre. De là naît le droit politique et l'obligation primordiale de l'enseignement et de l'éducation publics.

XI

De cette étude, nous pouvons conclure que la société politique, qui a pour but l'union pacifique des nationaux, doit conserver et maintenir au-dessus de toute atteinte:

1° La liberté naturelle de tous ;

2° L'égalité sociale entre tous les citoyens comme contractants du pacte fondamental et comme législateurs ou sujets soumis à la loi.

Comme conséquence immédiate de ces deux principes politiques, la société politique doit instituer, préserver et défendre :

1° La liberté du travail ;
2° La liberté d'associations non politiques ;
3° La liberté de circulation ;

4° La liberté de domicile ;
5° La liberté de conscience ;
6° La liberté de réunions ;
7° La liberté d'enseignement mutuel entre adultes ;
8° La liberté de parler et d'écrire ;
9° La liberté de la presse ;
10° La liberté de présence dans toutes les assemblées délibérantes ;

11° Elle doit surveiller toutes les lois nouvelles, et tous les règlements, et tous les arrêtés, de quelque pouvoir qu'ils émanent, pour s'assurer que ces lois, règlements et arrêtés ne sont pas contraires au pacte fondamental, aux libertés politiques et civiles et à l'égalité de tous devant l'autorité sociale ;

12° Elle doit enfin organiser, préserver, défendre et améliorer l'éducation et l'enseignement publics dans l'esprit du pacte fondamental de la nation.

XII

Une société particulière joue ce rôle conservateur et préservateur par tous ses membres à la fois et d'une façon permanente. Si un acte, un règlement, une mesure sont mis secondairement, partiellement ou temporairement en œuvre, par un groupe, ou par un dignitaire, ou par un simple sociétaire, cette mesure, ce règlement, cet acte sont soumis au jugement de la société, qui les modifie, les retarde ou les annule, par l'application des conventions sociales primitives.

Une nation ne peut exercer cette fonction de conservation et de préservation qu'au moyen d'un pouvoir délégué. Elle a donc besoin qu'un pouvoir, composé de ses représentants, garde le droit naturel, maintienne le pacte fondamental dans les limites de ses applications consenties, conserve et protége toutes les libertés, et sanctionne d'une façon inébranlable et inattaquable tous les droits des citoyens dans leurs rapports avec les pouvoirs publics.

Ce pouvoir est certainement le plus important que les citoyens doivent créer dans l'État.

Il me reste à démontrer que le rôle de ce pouvoir ne peut être confié à aucun des pouvoirs habituellement reconnus.

XIII

Il n'est pas possible, en effet, que ce rôle de conservation et de préservation de la liberté et de l'égalité soit dévolu au pouvoir législatif, ni au pouvoir exécutif, ni au pouvoir judiciaire.

Au pouvoir législatif. En effet, ce pouvoir est nommé pour une durée restreinte, avec un mandat limité qui ne peut s'exercer positivement que pour limiter la liberté des citoyens. Soit qu'il établisse le budget, soit qu'il vote des emprunts, soit qu'il dessine des voies de circulation, soit qu'il autorise des actes d'intérêts bornés dans l'étendue des villes ou des départements, son rôle positif est de donner des limites définies à la liberté pratique des citoyens. Le respect des libertés naturelles et du pacte fondamental est, pour lui, une obligation infranchissable. Si donc, le droit naturel et le droit social fondamental, ou même le droit civil et politique permanent obligent le pouvoir législatif, on ne peut donner à ce pouvoir le soin de conserver et préserver sa propre loi contre lui-même. On ne peut compter sur lui-même pour limiter sa propre puissance. Il faut pour cela une représentation nationale spéciale. Grâce à ce pouvoir spécial, la nation conserve et préserve sa liberté et ses lois fondamentales par elle-même.

En second lieu, le rôle de conservation et de préservation des droits naturels et des lois fondamentales de l'État ne peut être confié au pouvoir exécutif.

Ce pouvoir, qui, dans la nature des choses, doit être subordonné au pouvoir législatif, ne peut être appelé rationnellement à juger les actes de l'autorité qui s'impose à lui. Il ne peut rectifier les actes supposés tyranniques du pouvoir législatif, puisque, au contraire, son rôle est de les mettre à exécution.

Le rôle de la conservation sociale ne peut non plus être confié au pouvoir judiciaire. En effet, le rôle du juge est d'apprécier les faits, de les comparer à la loi et de décider s'il y a conformité ou non conformité. Le juge est enfermé dans le cercle des lois écrites ; il commence donc par recevoir la loi ; il ne lui appartient ni de la rétorquer, ni de la rectifier, ni d'en retarder, même passagèrement, l'application.

Concluons donc que la conservation de la liberté, de l'égalité, des lois fondamentales, des lois organiques de l'ordre et des lois organiques des mœurs sociales, ne peut être exécutée par aucun pouvoir connu autre que la nation représentée par une assemblée expresse.

Tels sont les titres de nécessité et le rôle d'un Sénat conservateur.

XIV

Ainsi, quand nous proclamons la nécessité d'un Sénat conservateur, en dehors et au-dessus du pouvoir législatif, nous ne prétendons pas que cette nécessité soit imposée pour la confection des lois ; nous pensons, sur ce point, que l'intelligence et l'autorité du Corps législatif sont suffisantes. C'est pour que la nation soit préservée des erreurs, des imprudences, des mesures arbitraires et de toute altération soit de ses droits primordiaux, soit de ses droits légaux, que nous demandons qu'un pouvoir, nommé exprès par elle, contrôle les actes législatifs et les rectifie, s'il y a lieu, avant qu'ils soient rendus obligatoires pour les citoyens.

L'organisation du Sénat actuel, dans la Constitution de 1875, est le fait d'une intrigue et d'une surprise de la nation bien plus que le fait de ses intentions et de sa volonté. Le Sénat de 1875 est inacceptable dans ses attributions, dans son rôle et dans ses voies de recrutement. La nation doit rectifier tout cela dans un acte de révision. Dire que l'Assemblée législative est la plus sûre émanation de la nation, et qu'un Sénat est inutile ou dangereux, s'il doit être d'accord avec l'Assemblée législative ou en désacord avec elle, c'est ne voir le Sénat que comme une double Assemblée législative, ayant même rôle et mêmes attributions.

Qu'il en soit ainsi dans la Constitution de 1875, je ne le nie pas, mais l'existence d'un Sénat s'impose, précisément, pour préserver et défendre la liberté contre les entreprises des Assemblées législatives, et non pour confectionner les mêmes lois, au même titre et au même point de vue que l'Assemblée législative.

Aller en avant, exécuter des changements, régler des accidents, déterminer les besoins et les intérêts selon les temps et les lieux et les circonstances, voilà le rôle du Corps législatif. Maintenir la liberté naturelle, préserver les libertés légales, garder la loi fondamentale de toute atteinte non réclamée par la nation, protéger les institutions et les lois permanentes acceptées et aimées par la nation ; donner l'esprit et la règle aux lois accidentelles, particulières ou périodiques ; obéir toujours et partout à l'ordre fondamental, aux intérêts universels, aux visées perpétuelles ou au moins permanentes : voilà le rôle du Sénat.

Ces attributions ne sont pas une inutilité, c'est la plus haute nécessité sociale ; elles ne sont pas un danger, mais c'est leur absence qui place la nation dans une situation pleine de périls.

Quels sont, maintenant, les actes que la nation attend du Sénat conservateur ?

CHAPITRE III

Fonctions particulières du Sénat

I

Le Sénat devra viser tous les actes du pouvoir législatif, tous les actes réglementaires du pouvoir exécutif, tous les jugements exécutoires du corps judiciaire, tous les arrêts ou mandats de la police.

Pour les actes du pouvoir législatif, il s'assurera qu'ils n'altèrent en rien le droit naturel laissé en apanage à tous les citoyens, qu'ils ne resserrent, ne modifient, n'étendent, ni n'altèrent les conditions sociales déterminées par la Constitution, c'est-à-dire par le pacte fondamental; qu'ils ne constituent pas un privilége ou l'origine d'un privilége, soit pour une partie du pays, soit pour un groupe de citoyens associés, soit pour une classe de citoyens dans l'État, soit pour un particulier même; enfin, qu'ils n'altèrent pas l'esprit national, base des mœurs et du caractère de la nation.

Selon le résultat de cet examen, l'acte législatif sera homologué par le Sénat et, comme tel, rendu exécutoire, ou l'homologation sera refusée avec exposé de motifs, et l'acte devra retourner au Corps législatif pour qu'il en soit de nouveau délibéré. Alors le Corps législatif modifiera la loi, dans l'esprit indiqué par le Sénat, ou bien il en maintiendra la teneur première, en l'accompagnant des modifications législatives entraînées dans les lois antérieures.

Le Sénat délibérera de nouveau sur l'opportunité de la loi et sur l'opportunité des changements qu'elle entraîne dans les lois antérieures, et, de deux choses l'une : ou bien il homologuera la loi et les modifications législatives qu'elle entraîne, ou bien il surseoira à l'homologation jusqu'au prochain renouvellement de l'une ou l'autre Assemblée. Lors de ce renouvellement, la nation serait consultée sur la loi soumise au sursis sénatorial.

Plusieurs moyens peuvent être employés pour le règlement des conflits entre l'Assemblée législative et le Sénat conservateur. Il est de principe que l'autorité du Sénat puisse opérer un sursis d'appel à la nation, et il est de principe absolu que la nation régulièrement consultée tranche le conflit, soit en faveur du Corps législatif, soit en faveur du Sénat.

Tout moyen qui préservera ces principes de toute atteinte et qui n'entraînera, par lui-même, aucun inconvénient grave, peut être proposé dans le même but.

II

Les actes du pouvoir exécutif : décrets, arrêts ou règlements d'administration publique. seront aussi visés et homologués par le Sénat, et ne seront exécutoires qu'après cette formalité protectrice de la liberté et de l'égalité des citoyens.

III

Quant aux arrêts des Cours, aux jugements des Tribunaux, ils ne deviendront exécutoires que quand ils auront été visés par le Sénat ou par des représentants du Sénat près des Cours et Tribunaux.

IV

Des délégués du Sénat devront, dans chaque canton, viser également les arrêtés des pouvoirs municipaux et les mandats de la police locale.

La conservation et la préservation de la liberté et de l'égalité de tous les citoyens dans la loi sont tellement importantes pour la dignité et le respect légitime de chacun, qu'il y a lieu, en effet, de prolonger partout, dans la nation, l'action centrale du Sénat.

CHAPITRE IV

Recrutement du Sénat

I

Où trouver le personnel nécessaire à ce rôle prédominant, et comment le recruter au sein du pays?

Bien des moyens sont possibles.

La Constitution de 1875, toute passionnée, toute œuvre de parti qu'elle fût, fit un essai de nomination du Sénat en obéissant, par instinct et comme malgré elle, aux vrais principes. En nommant les Sénateurs par un scrutin à plusieurs degrés, et en donnant le titre d'électeurs sénatoriaux à un électeur choisi par chaque Conseil municipal et aux délégués supérieurs du suffrage universel direct, elle constituait ou reconnaissait une sorte d'élite des citoyens et leur demandait la nomination des hommes chargés surtout et spécialement de la conservation sociale.

Cet essai, tout d'instinct, en ce qui concerne la tentative évidente d'application des vrais principes, était profondément altéré dans son application, par la pensée d'obtenir des campagnes une majorité sénatoriale hostile aux vrais principes républicains. Le fait, grâce à la clairvoyance des ruraux, grâce à la rectitude de leur jugement, dirigé par la nécessité évidente de constituer un gouvernement républicain harmonique et non divisé, le fait vint déjouer les combinaisons machiavéliques de l'Assemblée du malheur. Mais un fait heureux n'est qu'un fait. Il faut, pour la sécurité du pays, un principe et une loi vivante, qui maintiennent, confirment et améliorent la stabilité nationale envers et contre toutes les intrigues, envers et contre toutes les surprises, envers et contre tous les accidents, envers et contre tous les entraînements.

Il ne faut pas que la République dépende d'un vote, d'une élection, c'est-à-dire d'un mouvement accidentel et instantané du pays ou du Corps législatif. Il faut que son maintien, sa solidité, sa stabilité soient assis sur une institution nationale permanente et toujours active, de façon qu'une révolution violente, ou un progrès lent et sans secousses, soient seuls capables de l'ébranler.

Deux formes d'institutions vivantes et permanentes sont possibles: un corps d'électeurs spéciaux, et un corps d'éligibles spéciaux.

Ces deux moyens peuvent être institués séparément. Ils peuvent aussi être réunis et se consolider l'un l'autre. Dans la constitution de 1875, il y un mélange en apparence capricieux, en réalité astucieux des deux.

En aucun cas, la possibilité pour le Sénat de nommer, lui-même, des sénateurs inamovibles, ne peut être respectée. Une pareille institution fait échec à tous les principes. L'inamovibilité au pouvoir est la destruction de la liberté nationale. Un pareil fait ne serait admissible que si les hommes appelés à l'inamovibilité du Sénat étaient, par cela même, garantis contre les incapacités, contre les altérations d'opinions, contre les défaillances mêmes. Un sénateur reste un homme et, comme tel, il ne peut offrir à la nation les garanties qu'elle a le devoir et le droit de réclamer.

De plus, la perpétuité d'un Sénat, par son propre recrutement, est la destruction de l'action directe, vivante et seule légitime de la nation dans sa souveraineté. Le Sénat n'est rien qu'un pouvoir abusif et tyrannique s'il n'est pas, autant que possible, la représentation fidèle du pays. Et comment serait-il la représentation du pays, s'il avait le moyen de perpétuer son esprit propre, en dehors ou à l'opposé de l'action directe du pays ?

Ce n'est vraiment pas la peine de rappeler les Sénats des empires et la Chambre des pairs de nos gouvernements monarchiques. Ces assemblées représentaient des castes, des préjugés et des abus de castes ; elles ne représentaient pas la nation. Elles représentaient même si peu les formes gouvernementales qui se les étaient attachées, qu'au jour de la chute de ces gouvernements, ces Assemblées furent les plus promptes à fuir, à se disperser et même à livrer ignominieusement le pouvoir suprême.

Donc, en cette matière constitutionnelle, la table est rase ou à peu près ; il est permis, par conséquent, même à un particulier, de faire ses propositions. Cet objet est si important et si grave pour le salut de la République et de la nation même, que c'est, non-seulement une chose permise, mais un devoir de conscience de communiquer à ses concitoyens ce que l'on croit pratique et sage.

Voici donc ce que je présente aux prudentes réflexions de mes concitoyens sur ce sujet.

II

Je voudrais voir constituer un corps d'éligibles, se perpétuant naturellement et représentant toujours, avec fidélité, la nation tout entière, dans ses tendances conservatrices de la liberté, de l'ordre et des mœurs républicains.

Je voudrais, en second lieu, que le suffrage universel fût la source et l'origine de ce corps d'éligibles et se confirmât lui-même, à plusieurs reprises, par le choix des mêmes hommes, ainsi distingués par lui, pour remplir les différents rôles dévolus au pouvoir conservateur.

Sans sortir complétement du mode de recrutement par les conseils municipaux, lequel mode nous a donné les excellentes élections du 5 Janvier dernier, on pourrait laisser les conseils municipaux nommer les électeurs sénatoriaux. Mais pour faire disparaître ce qu'il y a de violemment inégal, dans la mise sur le pied d'égalité de toutes les communes, sans considération d'importance, il faudrait que les conseils municipaux nommassent 1 électeur, je suppose, par commune, jusqu'à 1,500 habitants, 2 électeurs jusqu'à 2,500, 3 électeurs jusqu'à 3,500, 4 électeurs de 3,500 à 4,500 électeurs, et ainsi de suite.

Ce droit électoral est utile dans les conseils municipaux. Il fait pénétrer la politique et le sentiment de la responsabilité politique jusque dans les villages les plus reculés de la Patrie ; il oblige les électeurs à se préoccuper de politique dans l'élection même des conseillers municipaux, et la politique, c'est l'intérêt général par excellence. L'influence des hommes, en dehors de toute considération politique, ne sera plus possible. La fortune ou des titres nobiliaires ne suffiront plus pour donner et motiver les mandats d'intérêts généraux.

L'esprit conservateur des conseillers municipaux est-il une garantie suffisante de bons choix sénatoriaux ? Je crois qu'il est possible de donner à la nation plus de garanties encore, en constituant un corps d'éligibles, en dehors duquel le choix des conseils municipaux ne puisse se porter.

III

Une préoccupation vient ici à l'esprit du lecteur. Il est frappé de l'idée que je vais proposer la formation d'un corps privilégié, d'une classe spéciale dans l'État ; que je vais, par conséquent, porter un coup direct à l'égalité fondamentale des citoyens, et renouveler les abus de la noblesse d'autrefois ou des patriciens de l'ancienne Rome.

A aucun prix, je ne consentirais à mettre, au-dessus ou en dehors de la loi commune, ni un homme, ni une classe. Il ne s'agit de rien de pareil. Pour le corps d'éligibles au Sénat, que j'appellerai maintenant Corps sénatorial, je ne veux ni une exception de services, ni une exception d'impôts, ni une autorité qui ne soit régulièrement et spécialement déléguée par le suffrage des citoyens. Je voudrais seulement un titre honorifique, comme celui de *membre du Corps sénatorial*, pour ceux dont le mérite aurait été proclamé par le suffrage universel et par des services publics rendus à la Patrie.

Il y aurait, là, constitution d'une élite, d'une véritable aristocratie ; mais cette aristocratie serait celle du mérite personnel, elle ne trouverait son investiture nulle part ailleurs que dans le libre choix du suffrage universel : ce serait l'aristocratie républicaine.

Il me semble que des citoyens placés dans un rang d'honneur, par leur mérite constaté par leurs concitoyens, par des services rendus à la République, que des citoyens, devant leur rang et cet honneur aux institutions et aux lois républicaines, seraient des conservateurs, des défenseurs et des protecteurs attentifs et dévoués à la République. Il me semble qu'une classe de républicains de mérite, répandus dans tous les rangs et dans toutes les localités, serait le plus ferme et le plus inflexible soutien des institutions républicaines. Avec un pareil organisme, je ne craindrais plus ni les ébranlements, ni les secousses, ni les entraînements, ni les accidents, ni les mouvements inconsidérés d'un vote particulier, quelle que fût son importance.

IV

Arrivé à ce point, dois-je aller jusqu'à émettre les moyens pratiques par lesquels le Corps sénatorial pourra être constitué ? Dois-je indiquer, avec la précision d'une loi organique, les conditions suffisantes et nécessaires pour obtenir, de droit, le classement dans le Corps sénatorial ? Je crois pouvoir, sur ce point, me dispenser de tout plan et de tout projet.

Que le titre sénatorial soit dévolu à celui-là seul qui aura été désigné par le suffrage universel et qui aura, de l'aveu même du suffrage universel, donné à plusieurs reprises des preuves de capacité, d'intégrité, de zèle et de probité politiques et civiles. Ce principe respecté suffit à tous les besoins et à tous les intérêts.

CONCLUSIONS

Pour résumer cette étude, dont je ne puis traiter toutes les afférences, au moins en ce moment, je crois pouvoir formuler les propositions suivantes:

L'homme est souverain dans sa liberté.

Il constitue librement la société politique et civile avec ses semblables, en constituant un domaine légal restrictif de la souveraineté de chacun.

Le domaine légal librement consenti fonde l'égalité entre tous les citoyens.

Le domaine légal librement consenti fonde en même temps les libertés politiques et civiles.

Dans l'établissement des lois, les hommes se gardent de compromettre tous leurs actes et toutes les formes possibles de leur activité.

Ils gardent, sans l'engager dans les liens sociaux, une partie de leur domaine de souveraineté naturelle.

Ils trouvent même une source infiniment plus riche de libertés dans la protection des lois.

La nation doit préserver avec soin ces droits antérieurs et supérieurs aux lois et les libertés fondées par les lois.

Pour cela, un pouvoir est nécessaire, et ce pouvoir est le pouvoir conservateur.

Son rôle est de préserver la liberté et les libertés et de limiter respectivement les pouvoirs de l'État.

Au point de vue de la stabilité, la nation doit constituer, surtout et avant tout, un pouvoir de stabilité.

L'architecture, la mécanique, la nature entière commencent toujours par les institutions et les lois fondamentales de la stabilité.

Les sociétés humaines particulières constituent d'abord leur contrat ; ce contrat lie également tous les membres ; il oblige chacun aux mêmes devoirs et fait à chacun les mêmes défenses.

En dehors et au dedans des limites du contrat, chaque associé et chaque groupe social exercent leur liberté.

Il y a donc, dans une société particulière quelconque, deux fonctions générales, une fonction de limite et une fonction de liberté et de progrès.

Ces deux fonctions sont remplies par les mêmes individus : la première, par tous ensemble ; la seconde, par chacun des membres ou par des groupes partiels.

La société politique est soumise aux mêmes conditions organiques.

Autrefois, la base de stabilité de la France était l'autorité héréditaire et la force, force brutale ou force dissimulée, caste militaire et clergé.

La liberté n'appartenait qu'au roi, ou même qu'au pape.

Depuis la Révolution et par la Révolution, l'autonomie naturelle des citoyens est la source de toute loi et de toute autorité ; la liberté est à tous, par la nature et par la loi.

Il devient nécessaire que la nation préserve son autonomie individuelle et ses libertés contre les abus possibles des pouvoirs sociaux.

Elle ne le peut qu'en maintenant fermement l'exercice de tous les pouvoirs dans les limites tracées par les lois fondamentales et par les institutions permanentes.

Une nation ne peut exercer elle-même ce pouvoir par tous ses membres ; elle est obligée de le confier à un pouvoir délégué spécial. Il est impossible de confier ce pouvoir soit à l'Assemblée législative, soit au pouvoir exécutif, soit au pouvoir judiciaire.

Le rôle du pouvoir conservateur est de conserver et préserver la liberté naturelle ; de conserver et préserver les libertés fondées sur les lois ; de préserver l'égalité de tous les citoyens dans la loi ; de contenir les pouvoirs dans leurs limites légales; enfin de fonder, entretenir et préserver la société de toute altération et de toute division, en surveillant l'éducation et l'enseignement publics.

Dans ses rapports avec le Corps législatif, le pouvoir conservateur valide les lois, y demande des modifications ou proclame un sursis d'appel à la nation.

Dans ses rapports avec le pouvoir exécutif, il valide les règlements d'administration publique et rend exécutoires ses décrets ou tous autres actes par un visa obligatoire.

Dans ses rapports avec la police et le corps judiciaire, le pouvoir conservateur rend exécutoires les jugements, les arrêts et les mandats.

L'action du pouvoir conservateur ne doit pas seulement s'exercer au centre, mais elle doit rayonner dans chaque canton de la République.

On peut garder une partie des moyens de recrutement du Sénat central institués par la Constitution de 1875.

Il faut changer et déterminer les attributions du Sénat.

Il faut supprimer les inamovibles.

Il faut donner aux conseils municipaux un droit électoral proportionnel à la population que ces conseils représentent.

Enfin, il serait sage de constituer dans la nation et de répandre partout un corps sénatorial qui donnerait le caractère exclusif d'éligibilité à ses membres pour toutes les fonctions conservatrices.

DR BRÉBANT.

Reims, le 27 Janvier 1879.

Reims. — Imprimerie et Lithographie Matot-Braine, rue du Cadran-St-Pierre, 6.

www.ingramcontent.com/pod-product-compliance
Ingram Content Group UK Ltd.
Pitfield, Milton Keynes, MK11 3LW, UK
UKHW012303240726
13966UKWH00004B/1609

9 782012 48889